MAURICE BARRÈS

UNE VISITE

sur un

CHAMP DE BATAILLE

PARIS

BIBLIOTHÈQUE INTERNATIONALE D'ÉDITION

SANSOT & Cie

Rue Saint-André des Arts, 53

1905

UNE VISITE

SUR UN

CHAMP DE BATAILLE

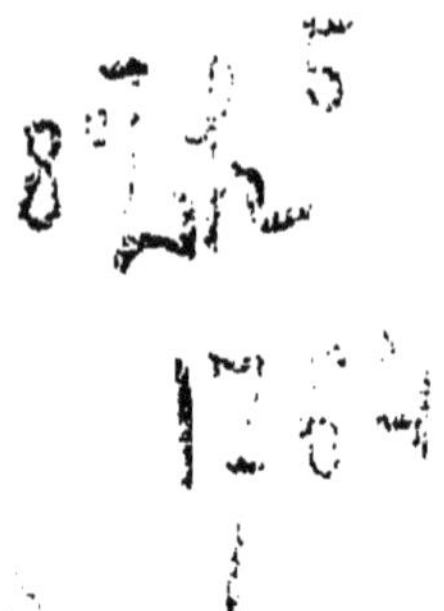

MAURICE BARRÈS

UNE VISITE

sur un

CHAMP DE BATAILLE

PARIS

BIBLIOTHÈQUE INTERNATIONALE D'ÉDITION

E. SANSOT & Cie

53 — *Rue Saint-André des Arts* — 53

1905

Tous droits réservés

IL A ÉTÉ TIRÉ DE CET OUVRAGE :

Douze exemplaires sur Japon, numérotés de 1 à 12.

Douze exemplaires sur Chine, numérotés de 13 à 24.

Vingt-cinq exemplaires sur Hollande, numérotés de 25 à 49.

DÉDICACE

A LÉON DAUDET

Ah ! mon cher Léon, si nous nous promenions un jour dans ces provinces de l'Est ! Devant nos forteresses allemandes et françaises, devant notre cathédrale messine, que les architectes du vainqueur germanisent déjà, devant les « monuments du souvenir » demi-noyés dans une grasse végétation, vous plus que tout autre — avec votre incomparable puissance à vivre la vie de chacun des objets où votre regard se pose, et qui êtes né de la Pro-

*vence et d'un illustre écrivain français,—
vous participeriez de cœur et d'imagination à cette défense de la latinité dont
mon petit pays fut l'éternel bastion et
mes compatriotes les premiers soldats.*

*Vous rappelez vous comment un jour je
vous disais que, dans l'œuvre de votre père,
ma préférence va peut-être à trois pages,
parfaites de mesure classique, et déchiran-
tes comme un morceau de Chopin? Je vous
parlais de la* Dernière classe d'un maître
d'école alsacien. *Vous en fûtes surpris.
Certainement vous distinguerez mes rai-
sons sur ces champs de Frœschwiller, de
Wœrth, de Reichshoffen, sur ces terres
de Lorraine et d'Alsace où chaque
bataille avance ou recule les limites
de la langue germaine.*

*Mais faut-il que vous vous déplaciez?
Aujourd'hui la bataille pour notre culture
se livre sur tous les points du territoire
français, et vous y combattez au premier
rang. Vous mettez vos armes magnifiques,*

la haute bouffonnerie, le lyrisme, *une invention inépuisable*, au service de notre terre et de nos morts. Cette guerre civile qui rompit tant de liens fortifie, mon cher Léon, notre amitié.

M. B.

Février 1902

Sur le terrain de Reichshoffen, Wœrth
et Frœschwiller, presque chaque année,
je passe plusieurs semaines dans la saison même où s'y déroulait, le 6 août 1870,
une terrible bataille dont les consé-
quences ne sont pas épuisées. Dans la
petite ville d'eaux de Niederbronn, jadis
si vivante, aujourd'hui injustement dé-
laissée, se retrouvent tous les étés un
certain nombre de Français, Nancéiens
ou Messins. Nul d'eux au cours de sa
« saison » ne manque de faire une ou
plusieurs fois. le pèlerinage du champ
de bataille. Les « hygiénistes » le dé-
conseillent, car cette longue excursion

communique au plus léger des visiteurs un émoi qui grandit à chaque station auprès de nos tombes et auprès des innombrables « monuments du souvenir », érigés aux régiments allemands. Au soir, on en revient l'âme et le corps empoisonnés pour plusieurs jours. Mais un Français a-t-il le droit de se soustraire à ces tragiques leçons ? Et par une sensibilité qui se ménage, devons nous, à la manière des enfants qui veulent oublier l'agonie de leur père, refuser de fixer notre regard sur les causes et sur le lieu de notre diminution ?

Dans mes longues excursions sur ces riches terrains fortement vallonnés, semés de bouquets d'arbres, où chaque pas fait lever les lièvres et les chevreuils, et que sillonnent des bandes d'Allemands, de qui l'orgueil n'est pas dissimulé, j'avais, pour me guider, l'admirable ouvrage que vient de publier le général Bonnal, son analyse raisonnée des combats dont l'ensemble constitue la bataille de Frœschwiller.

Autant que je pouvais, je causais avec les gens du pays. En écoutant leurs récits, je me rendais compte du génie des Erckmann-Chatrian : ce fut de savoir comprendre et recueillir ce qu'au retour des guerres de la Révolution et de l'Empire, des témoins émus avaient *spontanément inventé* pour l'édification des bourgs d'Alsace et de Lorraine.

Voici, par exemple, ce que me dit un Alsacien : « En 1870, j'étais chef de gare
« sur la ligne de Bitche. Il n'y avait plus
« d'horaires ; on m'annonçait les trains
« par le télégraphe. J'avais une locomo-
« tive de renfort pour faire gravir la
« pente de ma station à la suivante ;
« chaque train devait attendre que la
« locomotive revînt. Vous pensez le
« tapage, mon souci, ma fatigue. Les
« hommes passaient, passaient depuis
« des jours. Il faisait si chaud qu'ils
« étaient montés sur les wagons ; ils
« buvaient, chantaient et n'obéissaient
« à personne. L'un d'eux, quand son
« train démarra, tomba et se tua ; nous
« prîmes rapidement le corps et le reje-

« tâmes dans le wagon, parce que nous
« n'avions que faire d'un cadavre. Je ne
« me couchais plus jamais. J'avais trois
« trains en gare, quand un commandant
« pénétra dans mon bureau ; « Le gé-
« néral de Failly veut partir tout de
« suite. » Tout de suite ! comme il y
« allait ! Il fallait attendre le retour de
« la locomotive de renfort, et d'ailleurs
« je ne pouvais faire passer un train de
« queue avant les deux qui le pré-
« cédaient. « Laissez-moi, dis-je à ses
« instances, je suis ici chef de service
« et responsable. » Le général vint lui-
« même. C'était un petit avec la tête dans
« les épaules Je le vois encore. Je lui
« répétai mes explications. « Est-ce que
« je ne pourrais pas pénétrer dans le
« premier train ? » me dit-il. — « Il y a
« un wagon de première classe » —
« Faites descendre les officiers ». Ce
« n'était pourtant pas mon affaire ! Il
« s'en chargea. Les officiers étaient
« furieux ; il fallait les entendre, lui
« parti et quand ils demeurèrent sur le
« quai ! »

On m'a dit : « Le général de Failly, un bossu ! Ce portrait n'est nullement exact. Votre chef de gare n'a pas vu le général de Failly. » Mon chef de gare ne m'a pas menti, mais il superpose à l'image qu'il a enregistrée l'imagination qu'il se fait d'un vaincu. Ah ! s'il avait vu Napoléon 1er, quelle taille, quelle noblesse il donnerait au « grand empereur » qui, exactement, était un « pot à tabac ». Tenez, Victor Hugo ! Vous imaginez, et moi aussi j'*imagine*, une divinité vigoureuse. Eh bien ! je l'ai vu, c était un petit breton, avec des jambes courtes.

I

ASPECT DES TROUPES FRANÇAISES

Cette armée, échauffée par le vin, par
une température exceptionnelle et par
le plus insolent optimisme, se montra,
devant l'ennemi, sublime de courage.
Le 4 août, à Wissembourg, il fallut six
heures à cinquante mille Allemands
pour battre difficilement six mille Français. Et ces vaincus ne furent nullement
démoralisés ; ils considérèrent leur
échec comme un accident réparable à
bref délai. Dès l'aube du 5 août, ils
vinrent, dans un ordre parfait, dé-
boucher sur ces champs de Frœschwiller, où je prie le lecteur de me suivre.

Un grand nombre de blessés marchaient
à leur rang, et le spectacle de ces soldats
couverts de sang, chez lesquels pas un
muscle ne trahissait la souffrance,
secouait d'orgueil les spectateurs, et
dans un sentiment exalté de l'honneur
militaire, leur mettait des larmes
joyeuses dans les yeux.

On pensait, dans cette armée con-
fiante, à l'honneur militaire plus qu'à la
patrie qui ne semblait pas en jeu. Et
pourtant, à Frœschwiller, comme à
Wissenbourg, notre infériorité numérique était effrayante ; nous allions être
43,000 Français contre 150,000 Allemands. Dans cette situation, l'espoir de
vaincre dépassait chez nos soldats ce
qu'on vit jamais dans une troupe. Les
habitants de l'Alsace, renseignés sur la
force prussienne, épouvantés par l'igno-
rance géographique trop visible de nos
officiers, tremblaient. Un notaire de
Bitche écrivait à un confrère de Mar-
seille : « Me voyez-vous devenir notaire
prussien ! » Mais la veille de la bataille,
dans les bivouacs de Reichshoffen, de

Frœschwiller, d'Elsasshausen, dans les cabarets de Wœrlh, la force morale emmagasinée en Italie, en Crimée, au Mexique même, donnait à nos régiments une assurance, que l'on a revue seulement sous l'impulsion du général Boulanger, lors de l'affaire Schnæbelé.

La chaleur aurait pu écraser nos troupes. Sous un soleil de la même saison, je viens de parcourir cette campagne engraissée par les fosses où, durant cinq jours, avec des cordes, on tira des cadavres déjà décomposés. Frœschwiller a été rebâti ; l'une de ses églises s'appelle le temple de la Paix ; un Alsacien, le comte de Dürkheim-Montmarin, fait flotter avec une affectation provocante, le drapeau noir et blanc sur son château. Le soir même de la bataille, ce traître attendait sur son seuil les vainqueurs et leur disait: « Soyez les bienvenus, messieurs. » Il vengeait un ressentiment privé contre Napoléon III.

C'est une tache unique. Cent ans auparavant, en 1770, Gœthe étant monté au dessus de Niederbronn, au château de Vasenbourg, admira, d'après une inscription que je viens d'y lire, « la noble plaine d'Alsace » Combien plus noble elle est encore devenue, depuis que les enfants de deux grands peuples ne peuvent plus s'y promener que la tête nue. En apprenant à connaître leurs qualités et l'opposition de leurs vertus elles-mêmes, ils comprennent mieux après un tel pélerinage qu'ils ne peuvent pas se confondre.

Le général Bonnal a marqué la psychologie des deux nations. Au point de vue militaire, il tient le Français pour mieux doué que l'Allemand. Les qualités militaires des Allemands ne résidaient point, comme les nôtres, dans les individus, mais dans l'éducation d'ensemble et dans l'homogéniété du corps des officiers. Ce qui frappe d'une façon particulière le général Bonnal, c'est l'unité de doctrine qui liait les chefs allemands.

Ils avaient passé par l'Académie de guerre et par le grand état-major. Leur séjour dans ces centres intellectuels du militarisme prussien avait développé en eux la faculté précieuse d'observer, de comparer, puis de vouloir à l'unisson. Pas d'interruption ni de défaillance dans le commandement. Chez eux, le moindre incident est examiné et dénoué par chacun dans un même esprit. Le général Bonnal va même jusqu'à parler de *réflexes* : il pense que les généraux allemands sont tellement imbus des doctrines du grand état-major qu'ils *sentent* les nécessités et que, plus ou moins *inconsciemment*, à la façon d'un tireur rompu à l'escrime, ils se conforment dans chaque moment à ce que leur ont appris leurs nombreux travaux de tactique appliquée. Parce qu'il sont unis par les liens d'une doctrine unique, une situation déterminée provoque chez eux tous des réactions cérébrales identiques.

Cependant le plan d'ensemble arrêté par l'état-major français en 1870 n'était pas sans valeur ; on s'accorde aujourd'hui à le reconnaître. Il consistait à ramasser les forces disponibles, évaluées

à plus de 250,000 hommes, en deux
masses : l'une près de Metz, l'autre près
de Strasbourg ; puis à exécuter, toutes
forces réunies, le passage du Rhin, en
vue d'imposer la neutralité aux États du
Sud. On marcherait ensuite à la ren-
contre des Prussiens, cependant qu'un
corps formé au camp de Châlons vien-
drait remplacer sur la frontière les
troupes passées sur la rive droite. Mais
l'armée française était encore en voie
de formation lorsque les Allemands firent
irruption sur notre territoire. Les 43,000
Français massés sur la rive droite de la
Sauer et sur les coteaux de Reichshoffen,
de Frœschwiller, d'Elsasshausen, pou-
vaient bien, dans la journée du 5,
s'exalter de la plus magnifique confiance,
nous avions déjà subi le plus grave échec,
puisque nous étions amenés à engager
les opérations non pas selon nos projets,
mais selon les plans de Moltke. Un dé-
faut d'organisation nous mettait de force
dans les conditions voulues par l'ad-
versaire.

Les généraux français, aussi heureux que braves, affectaient hautement leur mépris pour l'étude de l'art militaire. Les guerres de Crimée et d'Italie avaient paru confirmer l'opinion de ceux qui faisaient reposer le succès uniquement dans la valeur des troupes. Au cours de cette journée du 5, les turcos ayant vu un officier prussien, escorté de quelques uhlans, qui, sur la rive opposée de la Sauer, allait en reconnaissance, se faufilèrent dans les houblonnières et tirèrent dessus sans pouvoir le prendre. Pour obtenir leur pardon de cette attaque sans ordres, ils offrirent à leur colonel la selle, la bride et une carte de ce Prussien. Le lieutenant Bonnal tint quelques instants cette carte entre ses mains et lui, qui devait devenir en 1887 le plus éminent professeur de notre Ecole de guerre, il déclare qu'avant ce 5 août 1870, veille de Frœschwiller, il n'avait jamais vu une carte d'état-major ! Oui, cette carte, prise le 5 août sur le Prussien, fut la première qu'aient vu les officiers français présents sur ce terrain de bataille.

Le général Ducrot, dans cette même journée, avait conseillé de faire exécuter des ouvrages de campagne pour consolider la position. Presque à l'unanimité les généraux jugèrent inopportun de « fatiguer les soldats par de tels travaux la veille d'une bataille ». Le soir de cette veille, tandis qu'un orage accablant de chaleur s'abattait sur les deux armées, le même général Ducrot, au château de Reichshoffen, fit les démarches les plus actives auprès du maréchal pour le décider à se retirer dans les Vosges. Il estimait que l'énorme supériorité numérique allemande rendrait désastreuse pour nous cette bataille sur la Sauer. L'hôte de Mac-Mahon, le comte de Leusse, qui est un patriote, insistait dans le même sens. Le maréchal consentit ; à six heures du matin, il achevait de dicter des ordres pour la retraite, quand retentit le premier coup de canon.

Le prince royal de Prusse n'avait pas plus que Mac-Mahon l'intention de combattre ce jour-là. Ce coup de canon était une faute, un signal donné de la façon la plus intempestive par un général allemand, mais il fit courir aux armes les divisions françaises et provoqua le déplacement presque instantané des troupes bivouaquées en bataille sur les positions à défendre. Les turcos lançaient en l'air leurs chéchias pour marquer leur joie de se battre. Au milieu d'un immense enthousiasme, le maréchal, depuis Reichshoffen, gagna à cheval la hauteur d'Elsasshausen et le tragique noyer, aujourd'hui encore debout, sous lequel il allait suivre les péripéties de son écrasement.

II

LE NOYER DE MAC-MAHON

Dans ce pays tout en collines, le cocher qui veut vous faire voir le champ
de la bataille, nommée indifféremment
bataille de Reichshoffen, de Wœrth ou
de Frœschwiller, vous mène tout d'abord
sur la côte d'Elsasshausen, d'où l'on
domine la plus grande partie des positions françaises et allemandes et le cours
de cette Sauer dont on allait se disputer
le passage. Sur cette terrasse naturelle
d'Elsasshausen, vous trouvez, à vingt
pas l'un de l'autre, « le noyer de Mac-
Mahon » et « le monument allemand de
la Victoire ».

Que de fois je fis ce pèlerinage ! Je laissais derrière moi, en venant de Niederbronn, la ligne des Vosges. Nous traversions, au sortir de Reichshoffen (prononcez Reisoff, à l'alsacienne), les prairies où campèrent les 1,100 cuirassiers et les 140 lanciers héroïques. J'y ai vu des cigognes que n'effrayait pas la voiture. On gagne ensuite Frœschwiller; dans son église catholique, on suit la liste des officiers français morts sur le champ de bataille; son église protestante s'appelle le Temple de la Paix. Et l'on atteint les parties les plus sinistres et les plus glorieuses.

La dernière maison du village loge le gardien des tombes. Son prix moyen pour soigner le tertre d'un héros est de deux francs cinquante par an. Une croix qu'entoure un jardinet et, quand on s'approche, un nom français ou allemand, voilà ce qui nous arrête à chaque vingt pas au milieu de la plus admirable moisson. Il paraît pourtant que le nombre des tombes diminue. Elles gênent matériellement et moralement aussi les cultivateurs. Au lendemain de la guerre, ils se prêtaient volontiers à contenter la piété des parents ; peu à peu, plusieurs firent payer, et d'année en année exagérèrent le taux de location.

Certaines familles exhument leurs morts ; c'est une erreur, à notre sens, d'enlever des soldats à la terre historique qu'ils ont méritée et dont ils gardent à la France la longueur de leurs corps. J'ai vu des croix qui se penchent, des noms qui s'effacent ; les blés et les seigles plus forts reconquièrent le terrain. Chaque année pourtant, à cette date, des femmes viennent encore dans ces sentiers. Puissent-elles mêler à leur douleur épurée, aujourd'hui, le sentiment de l'honneur attaché à leurs familles par des hommes de leur sang !

A mesure que nous approchons du noyer du maréchal, et comme le cimetière s'épaissit, le cocher qui met son amour-propre à me désigner plus de tombes dans les herbes de droite et de gauche, s'anime, et touchant un tertre de son fouet, il rit :

— Ici, un jeune officier français ! La semaine dernière j'y ai conduit un visiteur : c'était son frère ; il a pleuré tout le temps.

Pourquoi rit-il ce cocher ? C'est que l'atroce agit sur ses nerfs ; c'est qu'il sent confusément le contraste des épouvantes qui se déroulèrent jadis et du splendide soleil qui, pour l'instant, lui donne le paisible désir de boire un verre de bière à ma santé.

Je note d'autres témoignages de cette gaieté nerveuse, brutale et presque forcenée que suscitent les grandes horreurs. Les populations, dans les jours qui suivirent la bataille, furent réquisitionnées pour enfouir précipitamment les cadavres. L'un de ces fossoyeurs par force me raconte :

— Sur un cadavre prussien, il y avait deux bidons : le sien et un d'infanterie française. Tiens ! espèce de gourmand ! lui avons-nous dit, en lui lançant un bon coup de bêche... Il y avait des quantités de chiens tués. Je me rappelle un bœuf tout gonflé, pour lequel aucune fosse ne suffisait. Et nous leur mettions aussi la croix.

Entre Frœschwiller et Elsasshausen, nous traversons les espaces immortels où la division de cuirassiers de Bonnemains, à trois heures et demie, se sacrifia. La légende locale s'est emparée de cet épisode terrifiant. Ceux des rares paysans qui n'avaient pu déserter leurs villages en feu ont vu un cheval, qui portait sur son dos un corps décapité, galoper sur le champ de bataille et conduire les dernières charges, cette chevauchée de la Mort.

Les vieux noyers commencent à disparaître en Alsace parce qu'ils ont trop de valeur. On les paye jusqu'à 150 fr. le mètre cube. Mais ceux du plateau d'Elsasshausen ne trouvent pas d'acheteurs, car ils sont pleins de balles, en ont le cœur gâté.

C'est sous l'un d'eux que Mac-Mahon suivit les péripéties de la lutte. Une grille aujourd'hui le protège. Laissons les Allemands s'attarder au grand monument — quatre Victoires au pied d'une colonne où se déploie leur aigle — qui fixe l'endroit où l'apparition de leurs innombrables soldats, lors du grand assaut final, vers quatre heures marqua notre défaite. D'instinct, les Français viennent s'associer sous ce noyer aux souffrances de leurs aînés. Le vent souffle d'une manière constante sur ce triste plateau et, dans les branches de cet arbre, semble agiter les grands lieux communs de la plus douloureuse poésie. C'est d'abord l'indifférence de la nature à nos joies et à nos souffrances : pardessus ces terres, piétinées comme les abords d'une mare à bestiaux, imbibées de sang, épouvantées de fracas et d'horreurs, elle a rétabli ces cultures indéfinies où le soleil qui frissonne m'aveugle, où nul cri, même d'oiseau, ne trouble ma solitude. Et ma pensée rouvre les immenses tranchées de cinquante mètres où, avec des crocs, on tira pêle-mêle les soldats des deux nations. Le sacrifice et le courage de ces morts comptent pour les races, mais pour les pauvres individus! Quelle vanité dans l'importance qu'ils donnaient à leurs succès ou à leurs échecs! Au milieu de ces ouragans, on apprend à ne faire qu'un bien petit cas de la personne humaine, du pauvre *moi!* Il vaut seulement comme partie d'un ensemble.

Dans cette minute, quel est de tous ces cadavres celui qui s'empare de mon cœur et me commande les plus graves méditations? C'est, à quelques pas de l'arbre du maréchal, sur la pente, un corps dont la croix basse porte cette seule inscription : « Priez pour A. S..., tué le 6 août 1870. » Des initiales! Il n'a même point réclamé des hommes la publicité de son sacrifice. Précisément celui qui m'accompagne a ramassé ce cadavre, et il me dit :

— C'était un spahi de Mac-Mahon, un

magnifique jeune homme, le plus beau
que j'aie jamais vu.

Un spahi ! un cheval, un grand man-
teau flottant, vingt-quatre ans ! Ah ! le
beau papillon... Je lui donne la prière
que je sais faire : un effort pour le
comprendre.

D'après l'Ecole de guerre et le général
Bonnal, en admettant qu'une meilleure
répartition des troupes et la fortification
de certaines localités nous eussent
procuré les moyens de prolonger la lutte
jusqu'à la nuit, nos trente mille hommes,
tout de même, auraient dû quitter ce
champ de bataille, le lendemain au plus
tard, sous peine d'enveloppement et de
destruction. Quels sentiments animaient
donc le maréchal sous cet arbre, quand
il excitait à des efforts magnifiques et
superflus ses incomparables soldats ?
On n'a pas son secret.

Son armée s'étendait le long de la
Sauer sur une ligne de 7.500 mètres
et dont il occupait le centre. Depuis
son noyer qui domine la vallée assez
profonde, il voyait parfaitement la posi-

tion de son aile gauche, tandis que son aile droite lui était masquée. Sans doute, son ardeur guerrière l'entraîna à diriger la lutte dont il était le spectateur et il se désintéressa trop de ce qui se passait là-bas sur sa droite, où cependant il était le moins solide.

Ce qui apparut dès le premier moment, ce fut l'immense supériorité de l'artillerie allemande écrasant nos batteries. Un homme du pays me rapporte une légende locale qui donne assez bien la couleur des événements. L'artillerie ne tirait plus, un colonel s'approcha au galop pour en demander la raison. « Nous n'avons plus de munitions. » — « Eh bien ! elles vont venir ! » Dans ce dénûment, il fallut se retirer. Un commandant, habilement, avait mis à couvert sa pièce et ménagé ses ressources ; il faisait le plus grand mal à l'ennemi. Nos artilleurs, en se retirant, le gouaillaient : « Eh ! le commandant ne se montre pas : il est prudent ! » L'officier se transporta bien à découvert, sous le

feu allemand. En cinq minutes, il était
nettoyé.

Pour rappeler dans un seul paragra-
phe au lecteur une bataille que je n'ai
pas à raconter, mais dont je visite après
trente ans le cimetière, je dirai que
jusqu'à trois heures toute l'action con-
sista de part et d'autre en une succes-
sion d'attaques incessamment renouve-
lées. Quand les Allemands jugeaient
qu'avec leur artillerie ils avaient désor-
ganisé nos troupes, ils lançaient dans
cette brèche leurs colonnes.

Jusqu'à midi, les Prussiens qui fran-
chirent la Sauer et qui essayèrent de
gravir les pentes de notre aile gauche
trouvèrent dans ces vergers et sur la
lisière des bois une fusillade, puis des
charges à la baïonnette qui, régulière-
ment, les rejetèrent sur l'autre rive.
C'est ainsi qu'à midi, dans la partie du
champ de bataille qu'on peut embrasser
depuis le noyer du maréchal, nous
triomphions.

Le comte de Leusse, châtelain de
Reisoff et député de la circonscription

servait d'aide de camp volontaire au maréchal. Il m'a raconté que celui-ci, durant la bataille, n'a pas cessé d'être en relations télégraphiques avec l'empereur. A midi, Mac-Mahon télégraphia qu'il était vainqueur. C'est à ce moment que les ennemis, discernant notre point faible, nous attaquèrent par notre droite qui faiblit.

En vain, les fameux cuirassiers, dits de Reichshoffen, exécutèrent-ils la charge de Morsbronn. Elle ne réussit qu'à procurer quelques minutes de répit à notre infanterie de l'aile droite. Ces troupiers, épuisés par une lutte de sept heures, écrasés par une artillerie toute-puissante, eurent la suprême énergie de se jeter encore sur les Prussiens qui redescendirent à toutes jambes vers la Sauer. C'est alors que trois mille hommes de troupes prussiennes fraîches, se frayant un passage au travers de leurs compatriotes en fuite, attaquèrent énergiquement nos fantassins exténués par leur victoire même.

On vit cette situation tragique : notre

armée brûlée, vaporisée par ses efforts victorieux, en face d'un ennemi qui avait des réserves. Voilà le secret de cette bataille où nos soldats furent sublimes de courage : notre faiblesse numérique s'opposait à la constitution de grosses réserves maintenues à l'abri. Une ligne unique de combattants assurait notre défense. Ils s'usèrent, il ne resta plus que des débris épars pour faire face aux attaques d'un ennemi admirablement distribué et renouvelé.

Les chefs se montrèrent du moins de magnifiques soldats. Quand, pour renforcer leurs bataillons anémiés, exsangues, les troupes fraîches manquaient, ils prétendirent être eux-mêmes ce renfort.

Malheureux du chagrin de la France, je parcours sur la hauteur, au sud-est, près d'Eberbach, le verger où le général de Lartigues, une fois la défaite de sa division consommée, prend un fusil, et, comme Ney en 1812, fait le coup de feu avec ses braves. Je cherche l'endroit où le lieutenant-colonel Thomassin (aujourd'hui inspecteur d'armée en retraite), voulant encore renouveler une attaque qui vient d'échouer, court, son képi au bout d'un sabre, suivi d'un seul clairon qui sonne la charge, essuie le feu des Prussiens et s'en va rouler dans leurs jambes. Les hommes du 3e régiment d'infanterie, qui chargent, assaillis par un ouragan de balles et d'obus, se couchent et tiraillent ; le colonel Champion, suivi du drapeau, se place au front du régiment et fait battre la charge. Tout le régiment se lève, s'élance, et trois balles frappent Champion. Le général Maire et le colonel de Grammont tombent encore à la tête de leurs troupes tandis qu'ils commandent la charge.

Tous ces fameux assauts voulaient dégager Elsasshausen. A deux heures et demie, le maréchal dut quitter son noyer. Le colonel de Franchessin entra en ligne. Il faut visiter, à Neuwiller, la maison où, blessé, il se fit transporter. Un homme du pays m'y conduit. Le

colonel, placé dans une chambre, disait :
« Vous n'avez pas un endroit plus élevé,
d'où l'on puisse suivre la bataille ? »
On le porta dans un grenier. De la
lucarne, il continuait à encourager ses
hommes. Une seconde balle vint l'y
frapper. Quatre jours après, les paysans,
inquiétés par une odeur, montèrent
là-haut. Ils descendirent le cadavre
dans leur jardin et l'enterrèrent sans
prévenir personne, « pour n'avoir pas
d'ennuis... » Seul, son sabre qu'ils gar-
dèrent le désigna à sa famille qui le
cherchait. Sur sa poitrine, quand on
l'exhuma, il y avait encore ses billets
de banque.

Le colonel A. Wilbois m'a raconté :
« Mon régiment, le 99e de ligne, était
arrivé à Reichshoffen, la nuit, par une
pluie battante. Nous couchâmes dans
l'eau au milieu des houblons. Le canon
commença à gronder avant huit heures ;
nous étions l'extrême réserve. On nous
fit avancer. A dix heures, nous étions
dans la zône du feu des obus ; à midi,
nous entrâmes dans la zône des balles.

Nous fermions la droite ; la division Lartigues qui nous précédait était décimée ; le maréchal Mac-Mahon, tête nue (son képi avait été enlevé par une balle), accompagné d'un cavalier (ses officiers avaient été tués), arriva sur nous au grand galop, s'arrêta et nous dit avec beaucoup de calme : « L'ennemi veut nous déborder sur notre droite ; je vais sacrifier nos cuirassiers pour enrayer son mouvement ; vous êtes ma dernière réserve, tenez bon jusqu'au bout. » Il partit. Les cuirassiers avançaient ; ils s'arrêtèrent un instant. J'aperçus mon ami d'Orsay, aujourd'hui général. Nous nous embrassâmes. On sonna le boute-selle, et ils s'élancèrent. »

Derrière ce sacrifice des cuirassiers et puis des turcos, la retraite s'organisa. Quelques jours après, celui qui écrit ces lignes, âgé de huit ans, allait voir ces soldats sublimes, détruits par la défaite, épouvantés de leur désordre, de leur odeur, de leurs armes abandonnées, dans les campagnes de Bayon et de Charmes. Le souvenir de ces héros

infortunés lui ordonne de combattre
sur tous les terrains pour la cause française et notamment contre le parti
Dreyfus. S'il est pénible de toucher à
ces sujets farouches de 1870, il ne faut
les aborder qu'avec le dessein d'en tirer
profit, et dans ce sentiment personne
ne me reprochera de maintenir avec
quelque persistance, sur ce champ de
bataille, à cette date, notre regard (1).

(1) De Frœschwiller j'allai à Rennes pour
suivre le procès de Dreyfus et m'astreindre à
un métier qui n'était pas le mien, mais que je
jugeais utile.

III

LA CABANE DES TURCOS

Au-dessous de l'arbre du maréchal, si l'on descend vers la Sauer et Wœrth, on trouve un monument élevé par deux habitants d'Oran à la gloire de l'armée d'Afrique. Je reprocherai doucement à ces deux patriotes d'avoir inscrit leurs propres noms en majuscules un peu fortes.

Le point central de l'émotion, c'est la *cabane des turcos* qui, durant toute la bataille, servit de but à l'artillerie allemande. Auprès d'elle est un peuplier où, pendant dix ans, à chaque mois d'août, un drapeau français fut hissé. En 1880, le petit grimpeur, un enfant, fut surpris et condamné à six mois de prison.

En rendant hommage aux turcos, la légende populaire s'accorde avec l'Ecole de guerre. Selon le général Bonnal, la bataille de Frœschwiller enseigne que dix mille hommes de nos troupes africaines, lancés au moment opportun, feraient un ouragan irrésistible. Il faut considérer comme un lieu héroïque le vallon gazonné, d'une largeur de deux cents à trois cents mètres, dont la pente ascendante mène aux vergers de Frœschwiller. C'est là que nos zouaves, nos turcos, engagés depuis le début de la bataille et sans ligne de réserve, supportèrent, jusqu'à ce que notre aile droite cédât, les attaques des Allemands, et plusieurs fois les reconduisirent à la baïonnette, jusqu'à Wœrth.

Tandis que je me promène dans ce village au nom sinistre, ses enfants se baignent joyeusement dans la Sauer qui fut pendant quatre jours remplie de cadavres gonflés. Mon guide affirme que dans les rues les cadavres bavarois ne

tombaient plus, tant ils étaient pressés.
Le général Bonnal, qui ne voudrait pas
calomnier des soldats, affirme que ces
Bavarois, affolés par les charges des
zouaves et des turcos, se refusaient à
quitter l'abri des maisons. Pour les
reformer et les entraîner de nouveau par
delà la rivière, leurs officiers durent les
frapper. Ainsi menés, vers deux heures,
ils remontaient une fois encore les pentes
de Frœschwiller et d'Elsasshausen ; nos
soldats africains s'élancèrent sur eux
avec de tels hurlements que, par-dessus
les tempêtes de la bataille, on les entendit à 1,500 mètres de distance. Notre
faiblesse, dans cet effort éperdu, fut
encore et toujours le manque de réserves. Quand, vainqueurs, nous avions
reconduit ces fuyards ennemis jusqu'à
Wœrth, nous y subissions l'assaut de
troupes fraiches. Qui pourra exprimer
l'épuisement de nos héros qui après
avoir couru et massacré, devaient remon-
ter vers leur abri ? « Je souhaitais de
recevoir une balle pour ne pas avoir à

aller plus loin », dit un de ces glorieux survivants.

Quel tourbillon de folie sur ces pentes aujourd'hui si belles de repos ! La mort les zébrait dans tous les sens. On peut dire que ces soldats furent vainqueurs ; seulement, ils moururent, et l'ennemi passa sur leurs cadavres. Le 2e turcos a perdu dans cette journée les 67 o/o de son effectif, tandis que la garde prussienne à Saint-Privat, qu'on appelle son « tombeau », perdit seulement 36 °/₀. A l'ordinaire, la fatigue, l'explosion des projectiles, la vue et déjà l'odeur fétide des morts et des blessés, exercent une action déprimante sur les plus braves soldats ; et puis, comment s'obstiner individuellement, quand la fatalité nous déborde, annule d'une manière certaine nos efforts. Mais en vain le clairon sonnait pour le ralliement vers la lisière ouest du Nieder-Wald : beaucoup de zouaves restèrent à se battre, sans espoir, pour l'honneur. Après cinq heures, dans les bois de Frœschviller, envahis par les Prussiens et les Bavarois sur les quatre côtés, une véritable chasse à l'homme commença. Nos officiers et nos soldats furent traqués et mis à mort par des gens d'autant plus féroces qu'ils avaient tremblé davantage. En 1877, un chasseur de Niederbronn trouvait encore sous les feuilles mortes trois squelettes en culotte bouffante ; des zouaves qui, blessés, avaient dû s'enfoncer pour mourir dans le fourré.

Un témoin me raconte qu'à l'ambulance, le lendemain de la bataille, il vit étendu, à côté d'un Prussien, un turco. Tous deux allaient mourir. Le Prussien appela et dit : « Qu'on ôte ce turco qui me regarde *avec ses grands yeux noirs.* » Ailleurs, ce témoin vit deux turcos qui étaient frères ; on avait rapproché leurs lits, et ils se tenaient par la main en mourant.

A côté de Reichshoffen, on me désigne la tombe d'un zouave. Son chien vint y pleurer pendant huit jours. Le chef de gare allemand, qu'on venait d'installer, lui portait de la nourriture chaque jour. Au bout de la semaine, le chien consentit à suivre l'Allemand.

Après trente ans, comme ce chien fit après une semaine, nous pouvons reconnaître ce qui vaut quelque chose chez nos adversaires. N'est-elle pas émouvante cette inscription sur la tombe d'un lieutenant allemand tué par les zouaves : « Ici, un officier de vingt et un ans, mort en héros. *Dors ton repos, bon enfant.* » Les officiers allemands de Strasbourg saluent toujours, en longeant le monument de Desaix.

IV

MORSBRONN

Sur ces vastes cimetières du 6 août,
après avoir porté notre hommage frater-
nel à l'armée d'Afrique, allons, guidés
par l'admiration et la curiosité, suivre
les traces des cuirassiers. Ils chargèrent
en deux bandes : une première sur le
village de Morsbronn, à une heure et
demie, et la seconde, à trois heures et
demie, sur les houblonniéres, à l'est
d'Elsasshausen. On les appelle les cuirassiers de Reichshoffen parce qu'ils
campaient près de ce village, et que
c'est de là qu'ils s'élancèrent pour mou-

rir. Leur monument honore la côte, qui glisse en précipice sur Morsbronn.

Quand je me rendais dans ce village depuis Wœrth, le long de la Sauer, je suivais le terrain où les cigognes d'Alsace, avant d'émigrer, tiennent un de leurs grands conseils, avec leurs petits qu'on reconnaît à leurs becs noirs. Un autre jour, j'ai parcouru les terres (et si l'on ne craignait le genre théâtral, on voudrait y marcher tête découverte) que traversa cette chevauchée de la mort. Ils se brisèrent dans les arbres, les perches, les fils de fer, les haies suivies de ravins, avant de s'engouffrer dans la Grand-Rue de Morsbronn. « Comment donc sont-ils venus ? » ai-je demandé à une vieille femme. Avec de grands gestes, elle me marque tous les points de l'horizon, puis, de sa main se couvre les yeux. Ils venaient de partout, brisés, fous, connaissant leur destin, cauchemar et tourbillon. Les Allemands, quatre minutes à l'avance sentirent la terre trembler. Fiévreusement ils s'organisèrent. Des fenêtres et des voitures dres-

sées en barricades, leur pluie de balles
massacra ces cavaliers armés de lattes
impuissantes. Une cuirasse bien bosse-
lée, bien trouée, c'est aujourd'hui, dans
le pays, une relique introuvable. On les
a payées cinq cents francs.

Le matin du jour tragique, tandis que
son régiment campait dans les prés de
Reichshoffen, un cuirassier se présenta
dans le village à la maison paternelle.

— Mère, ouvrez-moi.

— C'est toi, mon fils, entre et mets
ton cheval à l'écurie.

— Je viens t'embrasser, donne-moi
seulement de la bière, du lard et du
pain.

Il rejoignit son escadron ; il chargea,
ne fut pas tué, revint après la guerre et,
dix ans plus tard, à Morsbronn, fut
écrasé par un arbre qu'il charroyait.

Voilà la matière d'une belle ballade,
au sens que les poètes allemands donnent
à cette forme poétique.

V

LE RENFORCEMENT SUR LA ROUTE
DE HAGUENAU

Enfin, puisqu'ils sont les vainqueurs, il faut quitter notre terrain et, sur les positions qu'ils occupaient, d'abord visiter leurs trophées. L'un d'eux domine au loin. les espaces. C'est, en arrière et au-dessus de Wœrth, un prince royal équestre, dressé sur une vaste terrasse et sur des rochers artificiels. Il vient du Palatinat sur le cheval que Regnault peignit pour le général Prim. Insolente statue d'un vainqueur qui, dans l'action, se montra fort médiocre.

Le 6, vers sept heures du matin, ce prince royal, quand il entendit le canon et quand déjà Mac-Mahon galopait vers son noyer d'Elsasshausen, envoya aux informations. A dix heures, alors que rompre, c'eût été avouer la victoire des Français, il ordonnait de ne pas accepter le combat. On passa outre. Vers une heure seulement, il arriva sur les hauteurs où sa statue le glorifie vainqueur. Depuis midi, le général de Bose, sous sa propre responsabilité, avait ordonné cette attaque contre notre aile droite, qui changea en succès allemand une série d'engagements où se dessinait leur défaite.

De cette terrasse pompeuse où son bronze caracole, l'héritier royal contempla la défaite de notre race. Ce n'est pourtant pas ici que les Allemands doivent remercier le destin ; qu'ils cherchent derrière le talus de la route de Haguenau, au pied et un peu à droite d'Elsasshausen, un renfoncement où se blottirent, vers onze heures et demie, six compagnies prussiennes, tandis que nos soldats rejetaient tout le reste sur la rive gauche. Ces fuyards constituèrent l'amorce de l'invasion, sous laquelle, à la longue, nous devions périr. Enclavés en quelque sorte dans nos lignes, ils s'y maintinrent héroïquement parce qu'en se défendant avec bravoure dans ce mince abri, ils gardaient quelques chances de sauver leur vie, tandis qu'à fuir ils devaient traverser des espaces découverts où la mort sûrement les atteindrait.

VI

QUELQUES RÉCITS DE LA RETRAITE

Plusieurs fois, j'ai visité ces quatre stations, principales selon mon jugement : l'*Arbre de Mac-Mahon*, la *Cabane des turcos*, *Morsbronn*, et le *Renfoncement sur la route de Haguenau*. En revenant de ces lieux historiques, je demandais à des témoins les petits faits que l'histoire néglige.

Le soir de la bataille, et quand déjà la lumière tombait, un témoin s'étant caché derrière un arbre vit un cuirassier français qui passait au grand galop, et qui, soudain, glissa de son cheval sous deux coups de feu. Deux cavaliers

allemands apparurent, et ils se dispu-
taient disant : « C'est moi qui l'ai des-
cendu. » — « Non, c'est moi. » Alors,
dans le même moment, deux zouaves
apparurent rapidement entre les arbres
et l'un dit : « Prends celui de droite,
moi celui de gauche. » Les deux Allemands roulèrent à terre. Les zouaves
continuèrent leur fuite, et les trois che-
vaux, s'étant rapprochés, se frottèrent
les naseaux.

Certaines personnes, disposées à prendre une leçon auprès des bêtes, pour-
raient trouver dans ce petit tableau la
« moralité » d'une excursion sur un
champ de bataille. C'est une vue bien
mesquine. Nos soldats défendaient leur
race contre l'allemande et, par là, ils
accomplirent un acte de la plus haute
civilisation. Bien qu'ils aient été vaincus,
ils n'ont pas laissé de servir leur race,
car leur héroïsme lie étroitement à eux
leurs fils fiers d'avoir de tels pères.

Ayant ainsi satisfait à la plus haute
dignité des hommes civilisés, ils s'aban-
donnèrent, comme c'était leur droit de

pauvres blessés, à un certain, anima-
lisme.

Un habitant de Niederbronn qui, le
lendemain, fut réquisitionné pour tra-
vailler sur le champ de bataille, étant
entré dans un bois, vit trois blessés,
deux Prusssiens et un Français, qui
s'étaient réunis, pansés tant bien que
mal et faisaient bon ménage.

Cette année-là, les fruits étaient très
nombreux : les habitants, dépouillés de
toutes leurs pommes, portaient aux
blessés des mirabelles. Un de ces visiteurs me raconte qu'à l'ambulance des
petits blessés il y avait un soldat à qui
une balle avait passé devant la figure,
lui écorchant la racine du nez et lui
brûlant les deux yeux. Il était assis et
ne voyait pas clair. Et tous l'entouraient,
se moquant de sa gaucherie. L'un d'eux,
à qui un coup de sabre avait coupé le
pouce, levait en l'air sa main débandée
et criait : « Une chique de tabac, si tu
devines combien j'ai de doigts ! »

Ceux-là se reposaient d'être des héros
français en redevenant de pauvres jeunes

hommes. Mais d'autres maintenaient le ton sublime.

Le colonel Wilbois avait reçu une balle mâchée dans la cuisse. Dans son bataillon de 800 hommes, 500 étaient tués ou blessés; sur 18 officiers, 14 tués ou blessés. Il m'a raconté la retraite.

— Il est des choses, me disait-il, que Dieu seul voit : j'ai vu une de ces choses. La retraite avait commencé. Nous autres blessés, nous marchions par groupes, et nos rangs s'éclaircissaient de plus en plus, au fur et à mesure que la fusillade augmentait.

Il y en avait des centaines, de ces groupes isolés dans la plaine. Ils étaient faits d'hommes de toutes armes et de tous grades qui s'étaient agrégés instinctivement, et chacun d'eux était commandé par un obscur quelconque en qui avait surgi l'âme la plus ferme et à qui l'on obéissait. Nous nous arrêtâmes un instant près de l'un de ces groupes : il était commandé par un sous-lieutenant de notre régiment. C'était un jeune officier nommé Haye, doux, timide, faisant de petits sonnets, un peu le jouet des fiers-à-bras de garnison, noté ainsi par le colonel de Saint-Hilaire : « Bon « petit officier de salon, fait de la litté- « rature, caractère assez mou, a très « peu d'aptitudes militaires. » Or, ce jour-là, au milieu d'une trentaine d'hommes de tous grades, calme, éner- gique, le sabre en main il commandait :

— Joue, feu !... Attendez, ne tirez pas ; maintenant, joue, feu !... En arrière, halte, tirez... Baïonnette au canon, en avant, halte ! joue, feu !... En arrière, halte !

Et tout ce monde, aligné comme à la parade, capitaines, officiers, cavaliers, artilleurs, obéissait aveuglément à ce petit homme blond et pâle, calme et résolu, enrayant fièrement la poursuite de l'ennemi.

Tout à coup apparaît la grande sil- houette du maréchal, resté sur le champ de bataille pour encourager ces résis- tances isolées, toujours avec son cavalier, un gradé. Il arrive au grand galop sur Haye et lui dit :

— Comment vous appelez-vous, mon ami ?

— Haye, monsieur le maréchal.

— Quel régiment ?

— 99e de ligne.

— Bien ! courage !

Et il repart aussi vite que l'éclair.

Haye rejoignit son régiment comme tout le monde. L'armée ralliée à Châlons fut passée en revue par le maréchal de Mac-Mahon qui défilait lentement devant les troupes. Arrivé au 99e, il s'arrête et tout son état-major avec lui. Il fait appeler le colonel de Saint-Hilaire.

— Colonel, est-ce que vous n'avez pas un sous-lieutenant, M. Haye ?

— Oui, monsieur le maréchal.

Comment est-il ?

— Ordinaire, monsieur le maréchal.

— Faites le venir.

« Haye ! allons donc, plus vite ! »

(comme on aurait dit à un écolier en faute).

Haye s'avance lentement, avec calme, regardé de travers par tout le monde, l'air timide toujours, mais étonnant cependant l'assistance par l'assurance avec laquelle il regardait le maréchal. Ces deux hommes demeurèrent un instant l'un en face de l'autre, la physionomie du chef s'emplissant de bienveillance, au milieu d'un silence solennel. Alors le maréchal tira son épée, Haye la sienne qu'il appuya à son côté, et le maréchal, toujours à cheval, cria d'une voix ferme et claire : « Au drapeau ! Tambours, ouvrez le ban ! » Puis : « Au nom de l'empereur, officiers, sous-officiers et soldats, je confère la croix de chevalier de la Légion d'honneur au sous-lieutenant Haye, du 99ᵉ de ligne, pour son héroïque conduite sur le le champ de bataille de Frœschwiller ! Tambours, fermez le ban ! » Il descendit ensuite de cheval, attacha la croix sur la poitrine de Haye et l'embrassa avec effusion sans dire un mot.

Haye regagna ensuite sa place fièrement, avec calme, au milieu de l'admiration de tout le régiment. Peu après,
il fut tué d'une balle dans la tête.

Août, 1899.

TABLE DES MATIÈRES

BIBLIOTHÈQUE INTERNATIONALE D'ÉDITION

E. SANSOT et Cie, Éditeurs

53, Rue Saint-André-des-Arts. — PARIS

ŒUVRES CHOISIES de MAURICE BARRÈS

comprenant 12 volumes petit in-12 couronne
parus ou à paraître

Huit jours chez M. Renan, suivi de *M. Renan au purgatoire*

Les Lézardes sur la Maison.

Ce que j'ai vu à Rennes.

Quelques cadences.

De Hegel aux Cantines du Nord.

La Vierge assassinée

La Vie et la Mort de Mme Astiné-Aravian.

Un Choix de Portraits.

Notes sur l'Alsace-Lorraine.

La Terre et les Morts.

Ce que j'ai vu au temps du Panama.

Prix de chaque volume...................... **1** fr.
Souscription à la série complète des 12 vol.. **10** fr.

TIRAGES DE LUXE

Il est tiré de chaque volume :

Douze exempl. sur Japon numérotés de 1 à 12. Prix. 6 fr.
Douze   —   Chine   —   de 13 à 24.   -   5 fr.
Vingt-cinq --   Hollande —   de 25 à 49.   —   3 fr.
Souscription à la série des 12 volumes sur Japon. . . . 65 fr.
Souscription à la série des 12 volumes sur Chine . . . 55 fr.
Souscription à la série des 12 volumes sur Hollande . 32 fr.